COLECCIÓN Literatura

Pan House
Casa Editorial

Editorial PanHouse
www.editorialpanhouse.com

Edición general:
Jonathan Somoza
Gerencia general:
Paola Morales
Gerencia editorial:
Barbara Carballo
Coordinación editorial:
Daniel Valente
Corrección ortotipográfica:
María Antonieta Flores
Ilustraciones:
Ernesto Dupuy
Diseño, portada y diagramación:
Aarón Lares

ISBN: 978-980-437-164-6
Depósito legal: DC2022001567

ECCIO CASASANTA
ALMAS
INMIGRANTES
PanHouse

Índice

DEDICATORIA

Ezio Casasanta Di Julio, mi padre y también pintor del cuadro que se encuentra al final de la dedicatoria, nació en un pequeño pueblo de Italia rodeado de montañas cubiertas de nieve, llamado Pratola Peligna, ubicado al sur de Roma, vive en Carache, un pueblo de Venezuela arropado entre valles en el estado Trujillo.

Hace 66 años dejó atrás su familia, sus alegrías, infancia, amigos. Confundido entre ráfagas de viento, luces tenues, ruidos de llantos, emprendió un viaje hacia lo desconocido. A pesar de su angustia y memorias, enrumbó en un barco con sus pensamientos en nuevas tierras. Siendo, como él siempre lo menciona, un soldado de la vida que encontró, junto a mi madre, un hogar de voces y sonrisas, es preciso dedicar este libro a su esfuerzo como inmigrante, reflejo de un corazón lleno de bondad y sacrificio por su familia, y a mi madre, consecuente con sus esfuerzos cotidianos. Son muchas personas a las que también debo agradecer. A todas ellas, gracias por colocar sus emociones incondicionales a mi lado.

PRÓLOGO

¡Hola!

Si usted está leyendo estas palabras y está a punto de leer estos poemas, creo que no será por pura casualidad; elijo pensar que por leyes espirituales o existenciales que desconocemos, o quizás la alineación de los astros, o quién sabe si es por causa de la misma historia de este planeta en que vivimos; que usted ha llegado hasta aquí.

La emigración como denominador común es el contenido de los cuarenta y un poemas incluidos en este maravilloso poemario del autor Eccio Casasanta; quien en poemas y fotografías logra exponernos de manera subliminal a las experiencias y realidades que encontramos en el camino casi todos los que emigramos; nos lleva en un viaje poético enigmático a lo más profundo del alma del sentir de quienes nos toca partir hacia lo incierto; a quienes semi voluntariamente nos toca arrancarnos amores del pecho y dejar por detrás todo cuanto hasta entonces conocemos y significa algo para nosotros; a esos que de algún modo han dejado su corazón anclado en ese sitio querido y han caminado adelante sin rumbo con la mirada en el horizonte y un montón de sueños incomprendidos a cuestas. Creo que este libro pudiese llevar como título: «Así se siente en lo más profundo del alma de un emigrante».

El universo en sus millones de años de evolución decide crearnos en algún sitio de este mundo; pudiera parecer un azar, un simple capricho divino o un antojo del firmamento; pero en mi humilde opinión, somos la consecuencia de toda una historia ancestral que se remonta a los principios evolutivos del universo; algo así como un efecto dominó que en el devenir del tiempo nos trae hasta aquí, a este momento, y a este preciso lugar. No somos árboles, sin embargo, sí tenemos raíces e interconexiones que van más allá de lo tangible y de lo que el limitado ojo humano alcanza a percibir; somos el hijo de Rosa y Manuel, el hermano de Elvis, la sobrina de Marcos, el vecino de José, la compañera de escuela de Elena, la amiga de Rubén, el alumno de María, el novio de Lucia; y un día el obrero, la doctora, el músico, la peluquera, el político, el pastor de una iglesia o el poeta aquel cuyos poemas, aun sin haberle contacto nuestra historia, hablan de nosotros. Y es precisamente esa la razón por la que creo que se nos hace necesario tener identidad, ser de algún lugar al que amamos, estar relacionados a personas, lugares, hechos y sucesos; pues en ese entrelazamiento de nuestras historias y nuestras almas creo que es donde está la esencia misma de la vida, la certeza de que hemos vivido y dejado alguna huella en esos seres con los que hemos coincidido o interactuado en esta dimensión. La cultura de los pueblos, la memoria colectiva que nos conjuga, el ver mi verdad y mi historia en ti; todo eso me hace sentir que pertenezco, que soy parte de la creación del Maestro que en sus planes perfectos me edificó, aquí en este lugar al que más allá de las ideologías impuestas por el hombre, llamo mi hogar, mi familia, mi patria.

Se dice que desde que el mundo es mundo ha existido el desplazamiento o la llamada migración de los seres humano; y de algún modo es entendible y aceptable eso, pues nada es para siempre, donde ayer había un mar quizás hoy haya un desierto; o sea, que las razones para movernos en el mapa creo que nunca nos faltaron; pero una vez más elijo pensar que hay algo bello y mágico cuando sentimos que pertenecemos a algún lugar, a una raza, a una etnia, a una cultura; que esa canción que suena en la radio me remueve el alma del mismo modo que a casi todos los de mi generación y de mi pueblo; que cuando amamos a alguien hayan cosas sublimes que no sean necesarias poner en palabras, que sintamos que estamos bajo los mismos códigos y en la misma plataforma de sentimientos y emociones.

Con estas palabras no quiero decir que todos los que emigran necesariamente tienen una vida traumática e infeliz; más bien quiero decir que me identifico con estos poemas de manera personal, pues soy de los que, al igual que a Eccio, un día me toco partir ligero de equipaje y con sobrepeso en el alma; y sí, también soy de los que piensa que hay algo desgarrador y triste en el hecho de caminar solo por paisajes diferentes sin comprensión, evadiendo las miradas inquisidoras de esos a quienes hasta podemos llegar a parecerle que somos extraterrestres.

¡Los invito a leer estos poemas con los ojos del alma, del mismo modo en que los leí y los disfruté yo! En ellos encontrará honesta belleza poética, directamente proporcional a los sentimientos de su autor. Creo que de algún modo a todos nos atañe el contenido de los mismos; si usted nunca emigró, estoy casi seguro de que conoce o echa de menos a alguien que sí lo hizo. Adentrándose en este poemario podrá experimentar y comprender lo que siente el alma de quienes, en su largo caminar por otros lares, muchas veces suelen sentirse solos e incomprendidos.

Sentado en lo Incierto

Desnudo misterio cuelga en la cueva llena de miradas,

Deseo que me sigue

Pensamientos vislumbrando el horizonte, sentado sobre árboles de sombras, que corren tras los pasos impregnados de distancias.

A mi lado descubro lo incierto

Oídos vendados que retumban

En los tambores insaciables de brazos callados.

Adonis Puentes
Cantautor cubano canadiense
Nominado al Grammy

COMENTARIOS

La poesía es algo que nos nutre, que reconforta la mente y embellece nuestro espíritu, cuando esta es buena, sensible y expresiva, nos conduce a un estado de satisfacción plena y de júbilo personal. Tengo la dicha y el placer de leer e interpretar la poesía de mi amigo Eccio y me siento un privilegiado que puede recorrer todo un mundo maravilloso en una simple lectura.

Las cosas del alma que pueden expresarse son una verdadera bendición y en eso, amigo, tú llevas la bandera.

Es un honor para mí recomendar este maravilloso libro que no tiene desperdicio y que en forma poética nos habla de todo lo cotidiano y de todo lo que podemos y no podemos imaginar. Gracias por tu aporte a nuestro acervo cultural.

ENRIQUE BARRIOS
Tres veces nominado a los Latin Grammy

Después de leer los versos que forman parte de los poemas de este maravilloso libro, me llena de motivación y añoranza lo plasmado en palabras de esperanza que luego se transforman en sentir nostálgico, muchas veces desgarrador por nuestros hermanos emigrantes.

Las esperanzas de buscar nuevos horizontes no todas las veces logran concretarse con el final feliz anhelado.

Puestos vacíos en las mesas de muchos hogares, la algarabía de jóvenes y niños es truncada, despedidas amargas y alegrías que se quedaron en el camino.

Agradecida de ser parte de este gran escritor y poeta, Eccio Casasanta.

Morella Pérez
Ejecutiva de Atención de Sociedad
de Autores y Compositores de Venezuela

Es un gran honor expresar unas sinceras palabras sobre mi hermano en Cristo y María como gran amigo. Hace dieciséis años lo conocí de habla y trato. Cuando comencé a tratarlo y frecuentar muchas de sus conversaciones de variados temas, me di cuenta de que es una persona con un excelente carácter de diálogo, reflexión y análisis; con una imaginación única, buen sentido del humor, y con la felicidad de un niño que lleva a cabo todos sus proyectos con amor, entrega y prudencia; en situaciones muy difíciles, siempre ha tomado todo con calma para solventar pacíficamente, y a través de la persuasión, conflictos tanto de índole familiar como de la vida.

Eccio Casasanta Urrutia es unas de las pocas personas que son honestas, trabajadoras y buscan superarse día a día. He tenido el gran honor de conocerlo. Recuerdo cuando iba algunas veces, después de que me desocupaba de mi trabajo, a casa de sus padres en su Carache natal y hablábamos hasta altas horas de la noche; ¡cuántas anécdotas! Por eso me siento sumamente feliz de que él esté compartiendo con todos nosotros este fabuloso libro de formación, experiencias y crecimiento de su valiosa vida. Doy gracias a Dios y la santísima virgen María por ponernos en el mismo camino y por habernos enriquecido gratamente nuestras vidas.

Ramón Carrillo
Ingeniero agrícola

Permítanme compartir algunas palabras sobre alguien muy especial para mí. Su sencillez, su espiritualidad y su forma de ver la vida te hacen sentir mejor ser humano, dejas de pensar en ti y empiezas a pensar en los demás.

¿Quién podría jugar un papel tan importante en la vida de un inmigrante? Solo el inmigrante, sea cual fuere su causa. Ese es el alguien que busca mejorar su calidad de vida. Y, como dice mi amigo Eccio Casasanta, dirijo los dados de mi destino con garantía de volver. Estoy muy orgullosa de él y agradecida con Dios por ponerlo en mi camino.

Será un inmenso placer sumergirse en sus poemas y disfrutar de este excelente libro acompañado de imágenes abstractas que reflejan el misterio de la vida.

Gladys Pérez Reyes
Cantante cubana y corista de Polo Montañéz

Cuando la realidad toca la puerta a la irrealidad es cuando comienza el regreso al principio de los instintos originales de sobrevivir. Los vestidos de espejos se cambian por la piel. Cuando vemos que la vida es parte de la muerte, al recordar el momento de nacer tan lejos de todo y tan cerca del olvido, llega una bofetada de adrenalina y conciencia que nos empuja a emprender el camino de la utopía. Entramos al laberinto de lo cierto, seguimos las señales ciegas que nos llevan al final, ¿somos él génesis bíblico o la panspermia?, somos los dos. Este libro nos habla en un lenguaje poético para acolchonar las realidades de las personas que en busca de todo lo descrito viven o mueren, o las dos cosas. El autor, Eccio Casasanta, es parte de esa línea su padre, mi padre. Nuestros tíos abuelos, bisabuelos, son el grito que se ve en el presente y la risa ajena que reirá en el futuro. Los invito a vivir y sentir cada uno de estos poemas y fotos pareidolias que son la historia que señalan la historia de cada uno de nosotros.

Elvis Di Julio
Cantautor ítalo-venezolano

Haber acompañado a Eccio durante todo este proceso editorial fue un viaje esperanzador y provechoso. No solamente disfruté de las diferentes imágenes encontradas en el poemario, sino también le encontré cariño a la poesía, algo que no toleraba. Deseo que este libro salga y toque el alma de todas aquellas personas que tuvieron que abandonar sus raíces; que sepan que no están solos en esta vida y que tienen un espacio en cualquier lugar.

Invito a cada lector a que se sumerja en el lenguaje de Eccio, afrentándose en cada oración todos los obstáculos que pasa comúnmente un inmigrante.

Daniel Valente
Licenciado en letras.
Coordinador en la Casa Editorial PanHouse

INTRODUCCIÓN

Bienvenidos al mundo de la poesía. Este es un género literario considerado como una manifestación de la belleza o del sentimiento estético por medio de la palabra, en verso o en prosa.

Este libro tal vez no sea una creación inédita en cuanto al tema de inmigración se refiere, pero se busca con él la originalidad en la expresión de los significados y símbolos que quedan abiertos a la interpretación del lector.

Lo aquí escrito está dirigido para todo público, pero en especial dentro de un contexto histórico literario, declarando de manera amplia todas las vicisitudes, desengaños, miedos, tristezas , tormentos, preocupaciones, entre tantos sentimientos que vivimos los inmigrantes, comenzando por mi padre que lo hizo hace más de cincuenta años desde Italia, así como buena parte de la población mundial ha estado obligada a hacerlo durante décadas por diferentes razones particulares, y terminando por mi persona, ahora incluido en esta larga lista de soldados incansables. Dejando nuestro lugar de origen, buscando siempre establecernos temporal o definitivamente en un nuevo país o región.

En el transcurso del libro, trato de familiarizar al lector con una breve reseña al principio de cada poema explicando un poco su significado, así como la fotografía que acompaña a cada uno. Cabe destacar que cada foto fue tomada en diferentes bosques cercanos a la ciudad de Londres, como también en lugares ubicados en la localidad británica de Henley on Thames. Las fotos en cuestión tienen una característica abstracta observada a través del fenómeno denominado pareidolia, lo que significa que a pesar de dar un sentido inicial a cada una de ellas, también quedan expuestas al criterio interpretativo de cada lector.

Se trata un poco de alcanzar, por medio de diferentes sentimientos y símbolos expresados en cada poema y foto, al menos lo fundamental y la mínima comprensión de la migración en el mundo, aparte de lo ya conocido, pero en esta oportunidad plasmado con palabras y melodías que lleguen al alma y entendimiento particular.

Es importante resaltar que los poemas en este libro son inéditos, están escritos en prosa, empleando un lenguaje poético, a veces, y literal en otras ocasiones. Se trata de descifrar el sentido de la palabra, esto significa que debemos detenernos un poco en su lectura para lograr su interpretación, ya que se emplea también un lenguaje metafórico con giros poéticos y figuras retóricas que dan versatilidad a los versos. Aun así, en muchos pasajes trato de ser más directo en el sentido otorgado a cada poema en su visión más amplia.

Encuentra el camino o crea uno propio avanzando con la voluntad siempre fuerte, pues la suerte está echada más allá de mi corazón. Listo para todo.

Invenire viam, aut crea tua incedendo semper fortis voluntate, quia fortuna ultra cor meum mittitur. Promptus ad omnia.

Este poema desnuda la poesía de las palabras ocultas en paredes que rompen llantos, atraviesan almas para cruzar ríos desconsolados por suspiro y alboradas muertas.

INMIGRANTES

Labios mordidos, resecos,
manos apretadas que exprimen
la savia del dolor.

Saliva seca, consumida por pestañas perfumadas
que mojan la aurora fatal.

Inocente verdugo,
escondido en mi lamento
prepara la espada que retuerce,
espinas que esquivan los golpes
que no infligen tristeza.

El pesar en su forma natural, azota como la peste.

Vida flamante que deja el camino donde nació,
parto corroído por el ácido de la partida.

A ritmo de fronteras,
la melancolía enrumba su sendero
perenne contaminado por visas tatuadas
que desgarran tu andar.

Pálido, indomable,
continuó escondido en miradas de lucha,
en los rumores del suelo
que van forjando rostros guerreros.

Dominante, erguido en el honor,
alimento mi llanto con lágrimas amarradas
en la dificultad de lluvias tolerantes.

Temblando entre selvas remotas
y ríos de angustias se tiende el tapete
sobre manos arrugadas que no conocen edades,
me desplazo en tierras con olor a golpes,
errores sentados sobre el fatal derroche
de una dificultad social que lamentan
las almas libres, amarradas en una aventura
de frustraciones, de espantos.

Personas escurridizas
por pasillos de desahogo,
aeropuerto desenfrenado
con las llaves del ruego,
ahogando puertas sin amarras,
sobreviven los afanados,
con escarcha de familia, sufriendo despedidas,
sujetando el paso de las oportunidades.

Relieves extranjeros que
dibujan obstáculos,
viajeros vitales expresando el sin
sentido de sus noches luminosas.

Huyendo sin ser fugitivos,
pesadillas de carbón en cada paso
que derrumba el hollín de las chimeneas
de luciérnagas que nos vieron nacer.
Morrales que bailan al ritmo de maletas que
marcan los pasos encriptados
con baúles de copas rotas.

Obligados por la rígida experiencia,
sobrevivo a mis orígenes,
continentes flamantes en las expectativas de un mapa.

Historia asustada por la frustración,
sobrevivir, cruzar el umbral terrenal
que discrimina tu identidad.

Injusticias que obligan a la esperanza,
soportando contantes incomprensiones
ahogadas en sentimientos que expiran alivio,
que exudan tumbas.

Lejos, la alternativa se disipa,
el estímulo se deletrea sobre
el tejado de un empleo.

Tiempo invertido, estudios hechos pedazos,
libretas en blanco sin arco iris.

Frecuentemente, se muestra la vida
como un vicio lleno de virtudes exquisitas,
se orienta nuestro álbum de recuerdos
y se tensa el mundo en un mortal día a día.

Inmigrantes, soldados perpetuos en la eternidad
de una siesta llevada por flautas coquetas,
como marionetas fatales
colgadas con grapas de viento.

Siempre queriendo regresar, buscando paz,
vientres mareados en un viaje,
enfermos, locos, relajados, antiguos
y esclavos de nada. Reino violeta,
intensa patria que sigues, que quemas.

Cordones que unen familias,
dominando amarras de sufrimientos
bañados de suerte,
algunos comprenden su destino,
vidas que no vuelven; otros, que regresan.
Siempre la maleta preparada,
sin vencimiento.

Sosteniendo el aparatoso
enigma que nos ignora.

Huracanes de energía seducen
los límites que nos ahogan.
Navegando en la cuna del mundo. Soy de donde no nací.
Pasaporte que marca la vida, aun temiendo, seguiré…

En este poema se evoca la tristeza de la separación. Se envuelven sueños para demostrar la necesidad de la unión. Se puede notar la figura abstracta de la cabeza de un unicornio en el árbol.

UNICORNIO DEL ADIÓS

Sentado en la tristeza alucino, incierto digo adiós,
sin decir adiós.

Un presente que no será pasado,
arropados de ilusiones
que se borran en un parpadeo,
sueños plenos de esperanzas que no existen.

Ojos pétreos se cierran
una palabra,
una despedida, un cuerno
que grita lágrimas,
labios miran atrás, suspiros dejan
grabado el dolor,
en el alma del viento.

Pensamientos acompañan mis pasos,
cabalgando ilusiones
abrazadas a los segundos.

Manos tristes que tiemblan.
Nuestros ojos esperan.
Bostezando ausencias,

lejanas llaves de recuerdos,
letargos sueltos,
calendarios cuerdos del adiós,
pupilas arrojando olores de tiempo.

Afligido pierdo la intermitencia
lazos invisibles, riachuelos desgastados
monedas, dedos que expiran lamentos.

Horrible descontrol recorre
la frescura, años dormidos
ramas de olivo perciben
melancolías, alas de una mirada.

Pido la voz para ser el río,
mar que reposa bajo la
sombra del árbol que nos vio nacer.

Veremos nubes, veremos lunas,
se funde el sol, roca del norte
señalando rumbos,
cantando amor

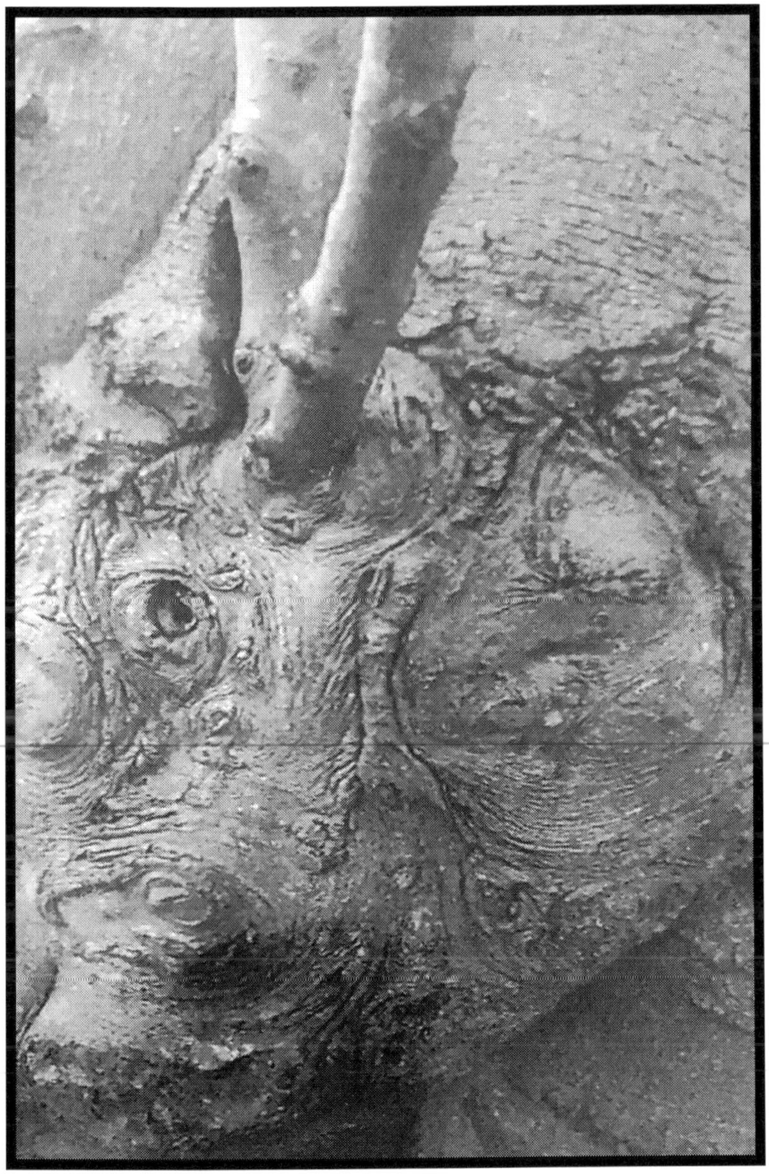

El poeta trata de reflejar el sentimiento perdido y lejano en las palabras que se lleva el viento en un instante. En el árbol se observa una figura enigmática como Belcebú.

BELCEBÚ. LA PARTIDA

En las tinieblas,
sentados en las escaleras del tiempo,
rostros de tristeza miran sin mirar,
ofrecen sacrificios,
destino que dibuja el momento.

Hijos del bosque abrazados,
la tristeza nace ausente.

Miradas confusas se hacen
pasajeras de la distancia.

Se va mi cuerpo,
se van mis manos,
se van mis sonrisas,
se nos va la noche.

Pasos húmedos
guardan recuerdos,
cofre que late por
rescatar la sangre,
vencer los miedos,
vencer los mares, regresar.

En cada gota de lágrimas
renace la memoria;
con cada paso, los pies
se vuelven polvo.
Me voy con la humedad de sus manos
recuerdos azotan pieles calladas.

Belcebú,
fatal compañía,
se esconde en las noches
debajo de lágrimas,
duerme al lado de mis
miedos jugando al destino
que solo dibuja la esperanza
de la muerte nocturna.

Volverán mis párpados,
volverán gotas de luna.

Quisiera ser yo cuando nací,
reclinar mi frente,
no abandonar la ribera,
mirar los ojos del tiempo,
sin viajar a tierras extrañas.

Pensar desde
extranjeros lugares,
recuperar corazones abandonados,
candelabros de tela,
Consuelo, remedio de volver.

Fatal causa de mi partida,
ignorada, momentos de condena pétrea
callando días que no existen.
Evitando recuerdos,
llovizna que mantiene el puente de mis pasos.

El árbol nos regala la figura de una sirena incierta, que viviendo en el tiempo medita el significado de las despedidas que acaban con los pensamientos.

SIRENA EN DESPEDIDA

Sobre hojarascas,
medita el caminante, ramas
agobiadas se quiebran en el vaivén intenso de la calma.

Sirena de luz moja con pasos inciertos,
mientras los segundos dicen adiós.

Sedado,
emprendo el viaje sobre un monstruoso tormento
guiado por la soledad.

Morfeo hace su trabajo,
nadie me ve cabalgar,
partida que envuelve el dolor,
socavando vidas,
ahogado,
preso de la incertidumbre,
condenado sin saber.

Sirena carcelera me lleva en los brazos del tiempo
emprendiendo el viaje en sus manos endebles,
frágiles,
fuertes en magnitud.

Ojos que decían adiós,
revoloteaban las miradas,
amanecer inoportuno de la tristeza.

Pasos sellando memorias,
guardan en su maleta cortezas rasgadas,
rosadas heridas.

Me acompaña el viento arropando las noches
que bailan al ritmo de los miedos,
con un rostro abstracto en sus pensamientos.

Me llama la tierra,
espera la amistad que no existe
abandonados llantos que acabarán en un retorno.

Sobreviviente estaré en sus recuerdos,
atravesando lo invisible regresaré
guiado por la claridad de la ternura, la espera sin fin.

Marcado por el adiós,
eternamente en despedida

Con la fortaleza que lo representa, el rinoceronte lucha contra la soledad evitando desmembramientos de familias nacidas en cunas comunes. Recostado al desapego que nos invita a volver.

LA SOLEDAD DEL RINOCERONTE

Recostado en la melancolía,
cruzan las palabras,
conversan pensamientos
abrumados por el vidrio del desapego.

He lanzado mi corazón al abismo del espacio,
frialdad y desapego
luchan por una conciencia devastada en sorbos de labios,
podando cementos mudos.

Dolor visible,
imperceptible,
oculto consume el remordimiento de la percepción.

Podría gritar, no escucharme,
pudiese danzar sin música a mi lado,
pero dormidos árboles desnudos miran inciensos de fe,
inviernos de calor,
estaciones que van,
estaciones que vienen.

La noche vestida de azul,
arropa su mano,
me invita a volver.

Es el cielo un beso triste
cuando se trata de andar,
las nubes me mecen en soledad.
Reencarnan entendimientos,
el soliloquio guía orillas sin carpas.

Estoy conmigo, aunque, a veces, sin mí,
los tengo a todos en las sillas del planeta,
espacio con cerros de colibrí,
donde vienen y van,
donde ríen y lloran.

Ansiedad que aparta mi cabeza de las lágrimas,
nada llena este vacío, soledad,
profunda soledad,
compañía inaceptable,
murmullos remotos de días limando fragmentos.

Escape dormido,
deslizó brazos de pulpo
burlando raíces que sumergen ideas
bajo el manto de hojas secas
que alimentan la esperanza de volver
sobre los pasos de la distancia sentada,
sobre sueños de olvido.

Con palabras ingenuas se deja ver la importancia de la esperanza cuando se aleja de la vida. Manadas que nacen juntas, elefante solitario que quiere volver entre abrazos y risas.

ELEFANTE DE ESPERANZA

Entre geranios,
los gritos florecen.

Controlo el rocío que llama ansiedades
con cuerpos de olvido.

Ciego, ingenuo,
alimento la alegría del jardín que emigra
entre cuerpos y sombras.

Fiebre de justicia,
fronteras sonámbulas
conducen al horizonte que he visto,
que no conozco.

Horror, orgullo, eco, historia vacía
que llora, pero sonríe.

Me motiva el futuro,
fuente inagotable de sentimientos
sentados y luminosos.

Cárcel en el silencio,
regalo de la insistencia
intervalo de una piedra que lucha.

Campanas sobre muros de suspiros,
inhumano gemido, cruel soledad.
Eterno late un corazón brillante,
bailando a su lado hojas de laurel
con espinas de espuma
que cubren llantos para conquistar caminos.

Estrecha es la puerta de mil rostros
que se ve en la bruma del despertar,
llegada al palacio con manos de colores
que se mecen sobre perfumes de alivio.

Condena que da fin a la tormenta,
sobrevive un naufragio,
regresa un abrazo en las esculturas del bosque.

En este poema se ven las evocaciones cotidianas que sufre la distancia de cuerpos que caminan juntos. De espaldas, dos seres junto al árbol.

GEMELOS DE LA DISTANCIA

Cotidiana es la lejanía
cuando de espaldas se miran,
como la seda de las manos
que le ponen alas a tu sonrisa.

Estando sin ti,
sintiendo el paisaje en la travesía
como espíritu indomable
que lleva el aroma del jardinero
que cultiva nuestros sueños, nuestra fantasía.

Taciturno, duermo en tus susurros,
semilla que palpita
el anhelo dócil de la tierra amada.

Destellos de idilio lleva mi alma viva,
manantial de abandono
que sufre piedad y melancolía.

Bienestar infeliz que motiva la felicidad,
fiesta de sublimes cabellos
soplando en mejillas púrpuras
pincel dibujando la cruda realidad.

Gemelos, en hogueras sin fuego,
hablan con el silencio, se miran sin verse,
qué profundidad hay en su bosque.

Precisos como un reloj,
se cobijan con el frío beso del perdón.

Te extraño, lloro en la angustia del llanto,
sentimentales son los cimientos
de desconsuelo.

Libres como el odio,
flor que nace en la colina,
aliento vivido
no me he ido, estoy en la sangre,
en la eternidad de tus palabras
arrastrando el pacto que nos guía.

El poeta representa el infierno tembloroso
de la lejanía. Miedos que inspiran recuerdos,
queriendo, en cada paso, derrotar la nostalgia.
Sentados junto al árbol se funden en una mirada.

HOMBRE CAÍDO EN LA TRISTEZA

Duermo en la zozobra de un rumor.
Carne viva sin miedo a la noche.
El rocío es su cuna
cuando se desvela un mendigo
confiando, temiendo,
alborada de nostalgia
que rodea su pecho de calor.

Valiente,
enfrenta escombros de recuerdos
en su infierno furioso y mortal.

Me desmayo en la atracción de una pena,
en un pensamiento
armadura temblorosa, fresca
canta alegre en la absoluta
dimensión de una galaxia,
penetra las evidencias del siempre
lento adiós,
olas frágiles
que no dejan de existir
en peñascos ancestrales
presentes en faros de oscuridad.

Paredes,
garganta confinada,
miradas de firmamentos diferentes,
mármol de la ruptura que se sella.

Labios que sacuden el capricho
muerto corriendo hacia la aurora
como lobo herido,
sed empapada de locura.

Caricias borrosas, dulce refugio del honor.

Diluido, me detengo,
miraré, morderé el dolor de la ausencia,
la emoción fermentada,
manos que deshacen
el tejido de peregrinos hambrientos.

En un jadeo las habitaciones
desembocan en besos.

Crecen, se suspenden en tiempo de desolación.

Recostado en edredones de plomo,
inconforme resuena el vacío,
rostros fundidos con plumas de victoria.

Corriendo siempre con maletas llenas de sueños.
Constantemente renovando ilusiones, pendientes
de todo, como lo hace esta figura que sonríe.

VIAJANDO SIN RUMBO

Solitario paradero de la lluvia,
tropezando con figuras que desconozco,
mi angustia se oprime,
mientras vagan pensamientos
rodando al principio del sendero.

Esquivando relámpagos,
suplico como preso que agoniza en tinieblas,
errante un ciego tiembla,
pájaro sin voz esperando
la piedad de un suspiro intacto.
Musa que inspira olfatos fundidos en lejanía.

Invento una excusa
ocultando en la niebla
mi imaginario incierto,
pesadumbre, refugio congelado
en racimos brillantes
remando dichosos hacia la alegría.

Emerge la paz sobre los peligros,
flores encadenadas a un templo
que se burla del adiós.
Quijote con hadas de escuderas,
luchó contra quebrantos forjados en acero.

Tocados por marcas que lucen cansadas,
cambiamos de piel imitando caminos
diseñados por escorpiones que no existen.

Somos mañanas en nebulosas dormidas
recibidos en ninguna parte,
por manos atrevidas que contagian
sensaciones no vividas.

Son tus ojos tristes
que dan la bienvenida,
horas que nadan sin tocar fondo, sin fatiga,
claustro horizonte
del ajedrez que venceré.

En la inspiración de toda lucha, volver es premiar el esfuerzo que da placidez por vencer los miedos y hallar consuelo corriendo al hogar. Esto lo expresa esta imagen natural.

VOLVER

Indecisa e inevitable, la pesadumbre corre,
esperanza que grita levemente.

Esquivo regreso,
murmurando el inevitable regocijo del comienzo.

Siempre al borde, sin salida.

Torre que ofusca el halago que vive en la infancia,
huracán de recuerdos,
inclemente separa hogares.

Triunfante edad lejana que reposa.

Cielo floreciente en la tarde suave de mi patio,
alfombra de cristalina que gentil medita
el antojo de la puerta,
burlando la entrada del azul ambiente
con aroma de realidad que se acerca
como el agua,
melancólica con corazón de primavera.

Abrumado, sentado, medito.
Son alas de selva,
pólvora de dedos que luchan
en cada rincón de la tierra.

Vuelvo al nido,
sombras que abatían el sendero de seda,
alma erguida, sin ansias, sin inquietud.
Naturalmente, mi rostro, herido,
frívolo, amargo,
resbala, el campo herido por ausencias.

Brotan las sonrisas, el júbilo, la música,
son partículas de felicidad.

Renace el hombre en el tranvía
que lucha firme en la calle que lo vio nacer.

Reflejamos capacidades indetenibles. Derrotamos con cada andar cúspides invencibles, porque son garras nuestros pies aferrados a suelos de aliento.

PASOS

Apacible,
quebrado en mi figura,
engañando a la ciega senda
se esparcen seres ignorando destinos,
furia despojando huellas
que huyen pérdidas
en el pensamiento del árbol humilde,
triste, que llora su mitad.

Cúspide horrible, dimensión
que baña de niebla la atmósfera
escapada en pasos inmóviles.

Paisaje de fino andar en harapos de cartón,
hombros con ansias inciertas,
anhelos que penetran implacables,
esfera sumida en cada gota
que desampara mis pasos.

Confundido disimulo caricias
que desbordan prudentes caprichos.

Precipitó la luz incandescente en laberintos
de colores nacidos en la patria perdida.

La mano del círculo vicioso hila
mi lastre con las velas del invierno.

Bruma que recuerda errores,
águila mortal que da entrada
a la corteza de pieles
rompiendo ocasos, suspendiendo ideas.

Amanecer de caminos sagrados, sin cansancio,
espiando la paz en memorias
que no existen.

El estruendo de las ruinas conduce
el verbo que guía los labios,
acompañan palabras silenciosas,
solitarias, incesantes.

Espadas que lastiman,
se abren paso entre relámpagos
del caos crucificando
testimonios en los espejos del suelo.

Perversa pared que derrumba
lanzas de maletas, desfiles que llegan,
carretera de otoño.

Existo rígido frente al saludo,
llegada del desconocido aliento
gemido que desencadena
codicia de abrazos,
gestos que van a pie
huerto de lo vivido,
pino verde
que no desvanece con los golpes.
invicto en galerías de predicciones...

Dibujo mundano,
desierto hospedado sin piedad en raíces de aliento.

Venciendo enfadadas magias,
sollozos clandestinos.
Neptuno festivo en el bajorrelieve de todas las huellas.

Intangible existimos recostados en el viento, en todas las formas de luchas transmitiendo sueños, mirando horizontes de vida. En el árbol notamos la fragilidad de estar ocultos en lo subliminal.

SENTADO EN LO INCIERTO

Tomados de la mano, sin reproches,
El futuro nostálgico parpadea en mis miedos.
Arenas movedizas,
incertidumbre que observa.

Fingido ocaso suspendido,
oculto entre ramas del bosque
alivian semblantes sentados,
abismo incierto.

Alborada muda,
vacilando al ritmo del espacio armado,
no abandona la inmortal existencia.

Campanas de iglesia fértil,
gloria magnífica corre hacia el pecho
adolorido con piernas dobladas,
navegando puertos hacia el sudor
de perlas que sufren abandono.

Abrazado como humano que resiste
la dura aventura que nace
en la pluma de una tormenta vacía.

Sin la suerte de un hospedaje,
el cansado y desterrado va golpeado,
sorbo lento, esencia del acero,
brasas bebiendo miel,
suspenso en la celda del cáliz.
Complaciendo entornos,
penetró un eco en
el soliloquio de la llave,
fuego sumergiendo ausencias
almas olvidadas,
encriptado sello que riega
venas de porcelana,
febril deseo que ahoga mil ojos,
flotando hacia bocas curiosas.

Desnudo misterio,
cuelga en la cueva llena de miradas,
deseo que me sigue,
pensamientos vislumbrando el horizonte,
sentado sobre árboles de sombras
que corren tras los pasos
impregnados de distancia.

A mi lado, descubro lo incierto,
oídos vendados que retumban
en los tambores insaciables de brazos callados.

Esfuerzos nutridos de fortaleza son indetenibles. Aunque el viaje agote, los recuerdos son alimento vital que nos aferra a lo maternal.

CANSADO

Herida estela de dolor,
angustias que danzan sobre
espigas en la mejilla,
ondulando suspiros en mil formas,
oprimen locuras ignoradas.

Desamparados,
vuelan antiguos baúles perdidos,
guardando polen
cristalino de familias,
esencia del viajero.

Carretera que escucha
ruta hueca, cuerpos frustrados,
flagelos que conducen escarmientos.

Esfuerzos despiertos
fina brizna que parpadea
en la cascada pesada
de gargantas extraviadas.

Ingenuo venado,
fortaleza frívola escondida
murmullo peligroso, angustia
que emerge en la cabaña
donde duerme la soledad.
Castigo que empuña la ruta sobre
futuros distraídos, predicción perdida.
El dolor de las almohadas remolca
insaciables sables
entonando existencia.

No me arropa la presencia de nadie,
voy a tu lado iluminado
día amordazado por la ceguera del sol.

Cansadas las espinas del cuervo,
viajan como el cachorro que ve nacer el tiempo.

Compañía emocional, silbido
de libélulas, agotados
los pasos, inspiran recuerdos.

Llanto que libera prisiones
vigilando lechos asustados
donde el cansancio vence la tristeza.

Cierro pesadumbres, giro la mirada,
derramo pétalos sobre mieles
de rocío, libero la rutina,
construyo alegrías con ladrillos
cosechados en las nubes grises del pasado.

Nacidos capullos flotan
sobre aldeas que alimenta la paz
maternal de voces efímeras,
miradas que son disparos urgentes
regando arbustos de familia,
criatura imaginaria que aletean
sentimientos de hogar.

Es la esencia humana, el temor. Pero inspira íntimos sentimientos que nos abrazan para lograr esfuerzos dentro de la incertidumbre. Como lo representa esta figura que cuelga del árbol que no lo ve.

DEMONIO DEL MIEDO

Evaporado, cabalgó rodeado.

Miradas frías, temores nacen sembrados,
raíces de lluvia,
destino de ojos fundidos
conducen la llegada
en hojillas de insomnio.

Árbol acostado, ramas bailan,
brisa tenue que sonríe en la noche
expuesta a los sentidos.

Arenas movedizas,
pensamientos
bloquean corazones
encadenados al tiempo,
tempestuosa partida.

Cazador furtivo, cabalga,
ilusión irónica,
carcelera de sensaciones extrañas
robando exhausta la
lucidez de los delfines.

Peinando tronos hundidos,
tinieblas aisladas,
asfixiado feroz cautivo enfrenta
lo natural no teme a la hierba
huracanes de memoria,
no ruego al polvo que resucitó mis tormentas.

Ansioso rostro engaño las hojas rapaces,
alas que van a esconderse en los pilares
de trigo donde lo verde es el trinar.
Es un vino altivo.

Héroe que doblega
el miedo de las calles,
gente nueva, envidia, mentiras.

Quiero salir, no me toquen,
laberintos de huesos atrapados
feto tembloroso con máscara de pesadilla.

Falso diablo
que impone obediencia,
sacrificio, temor inequívoco.

Firmes cuerpos como piratas
que secuestran olvidos,
inmóviles consumen letargos,
instantes que trituran
frustraciones seduciendo
temores mediocres, inseguridad.

Certidumbre atada
sobre agujas pintadas en
pancartas pensando esfuerzos…

Este poema deja ver la realidad de una despedida y el aliento de la esperanza. Se expone la manera cotidiana cómo se ahoga el dolor, así como los brazos que se entrelazan en el árbol.

ABRAZADOS EN LA ILUSIÓN

Puerta que se abre, medito el dolor
sin lágrimas que caen,
la felicidad de tus brazos comienza
a tejer el retorno de lo planeado.

Humo de siluetas, lugares que viajan,
desbordan en nosotros.

Gélidas hojas crecen en
conversaciones sin sentido…

Brazos que atesoran el elixir,
plenitud efímera que confunden
un instante en la eternidad de besos,
tic tac del tiempo.

Indeleble muere el ocaso,
tarde melancólica,
arena que une el néctar de
varias vidas, conduce melodías
primaverales embriagada en ironías.

Tempestad superflua
pensamientos inolvidables,
ruiseñor ardiente, flama de fantasías.

En cada centímetro, nuestros cuerpos
ordenan confidencias,
miedos que abren ventanas, todos
los días son iguales.

Felicidad es la guía,
floto molesto como el zumbido
de una mosca en mi memoria,
conservo el veneno
amargo del impotente despertar.

Dulcemente escucho olfatos
de inspiración,
escritura en partículas
abrazadas, alma de las plantas,
flores de piedra.

En el polen de tus manos
me suspendo, me detengo,
con la paciencia que desvela
el pañuelo de los sueños,
de las ilusiones que lloverán.
Cabalgo con destinos dormidos,
amigos rompiendo
cadenas de dolor.

JUNTOS EN LAS DIFICULTADES

Contra las circunstancias,
tumbados por el destino temporal,
nerviosos, abatidos, respiramos.

Se reflejan firmes miradas de
decisiones inconscientes,
metas que persiguen la cordura.

Saltando cerrojos que protegen la vanidad
consciente de una sociedad que refleja
la torpe esencia de la fatiga.

Incontables carcajadas
arremeten contra la tristeza,
deslastrando lo esencial.

Añoro la danza ondulada de cabelleras en el desierto.

Frágil,
en el opaco rubí de tu cerebro
se escucha el rígido
fantasma, perpetuo doblega
la horrenda enfermedad de la soledad.

Se esconde entre el silencio y las sábanas de tu perfume.

Regresar para nacer desnudos
detrás de lámparas de dolor,

invitando tormentas a
alejarse entre risas
por laberintos de memoria.

Persisten las jaulas de otoño, cuerdas ásperas
que aumentan mis ojeras
marchitas por tus besos
que no están,
bajaremos entre andamios naturales.

Obediente,
observó el tren de copas
que me invita a reír,
mientras reposa la fuerza
del viejo inquisidor, lloviendo casas,
lloviendo hogares incrustados
en paradojas de tempestad,
rumiante va liberando
ofensas en la distancia.

Vuelan recuerdos tristes,
limpiando rostros, aumenta la cercanía
ciega de lo invisible,
tendido sobre manos simétricas
sutil es el incansable lecho.

MIRADAS DE LUCHA

Encadenado al tiempo,
tempestad de la mano
con el camino despierto,
intrépida y confidente mirada de los años,
persuadido por el límite
remoto del continente
que posee el anhelo invencible.

Pesa lo inmaterial,
se asoma plácida la llovizna,
comprende pesadillas de antaño,
temporal insensible,
agónico incapaz de esfumar la felicidad.

Hallaré sed en el bosque sin color,
comprenderé el rechazo anónimo
que viaja errante sobre
garras que destilan soberbia.

Flecha que deambulan sangrantes
con el pañuelo que protege mis confidencias.

Escudo de papel que nace
en generaciones de guerra.
No tengo nada, pero tengo todo.

Distraído, parpadeo sobre
ramas que se desgarran.

Deshecho en armoniosas líneas,
se esfuma una época que me corroe,
marcas apoyadas en guantes
que resuenan.

Hilos de ojos reaparecen
vagando mudos una aventura
víctima de idiomas extraños.

Latidos placenteros,
líquenes del bosque,
extraídos al borde de mi existir
tallo cóncavo que se
clava en las palmas de tus manos
deposita el ruego, proximidad en tu aliento.

Plato codiciado que convierte
aplausos en martirios,
abrazó el triunfo, primavera sobre
pupilas que dilatan mi espalda.

Despiertan solos, mirando al vacío. Se improvisa cada lágrima, los deseos de vencer tragedias cotidianas afloran. En este espacio del bosque es fácil observar figuras de niños recién nacidos regados en vientres de hojarascas.

DESAMPARADOS

Polvo que aniquila el desconsuelo sin consuelo,
iluminados nacen
insomnios inaudibles.

Llorando, gimiendo alboradas
nocturnas, dolorida del parto
que borra la niebla.

Canto épico que aúlla en superficies de sustos,
se esparce bendita entre
bohemios que luchan,
escapan del desamparo angustiado
siguiendo rutas de abanicos delgados
sobre el umbral de la tormenta.

Relucientes,
tejiendo semblantes en el sudor
inconfundible de la noble multitud,
ecos desnudos de los solitarios pueblos,
espontáneos en el ocaso asfixiado
por la profunda decepción.

Rebeldes fugitivos se fueron a sostener
espacios descarrilados en el bautizo de sus pies.

Temblando se dispersa la imagen del destino,
intuición en mi bolsillo.

Amarga lujuria,
discordia de presencias penetran
sobre la tierra e ignora la
suicida codicia que no nace,
flotan horas en el paralelo perpetuo,
descansa el aroma sobre
cunas de plomo temblando
trozos de espectros, teórica soledad.

Anhelos que renuevan el ánimo,
sonrisas improvisadas

HOMBRE DE HOJA BARRO

Audaz, luchando con manos de barro,
empujando corazas, benévola armadura.

Tierra deslastrando mi alma
que piensa angustia,
me alimenta el estigma
donde guardo polen de la cordura.

Una sábana comparto,
limpiando el camino ensordecedor
de mudos pasos, zapatos que arrastran
mis piernas en una metáfora.

La razón agota como el látigo infame
que azota al minuto sumiso en el elíxir
que se desvanece en las melodías de un café.

Tumbado, veo pasar las penas montadas
sobre caballos de gloria que alivian terribles
batallas, transmutan el dolor en un
retorno acostumbrado a vencer.

Celebrando, respiro frescura que transforma
vestimentas en amistades que cubren canas
con macizas pestañas videntes de un
cuerpo que prolonga su descanso desmayado
sobre los muros voluptuosos
del mundo que protesta.

Amargos recuerdos sienten el
jabón sobre mis miedos,
reposan arrebatados, bendecidos,
arriesgando praderas se
atreven a salvar cenizas tibias,
imperceptibles
tiemblan las llamas de acero.

Cóctel de sueños disimula
el viejo dolor, esencia de las alegrías,
ambición que arriesga todo en el
desenfreno de secretos enterrados,
serenos en el espacio de mi descontento

Fluye el palpitar, flota mi cuerpo
sobre cimientos de océano,
surge la fortaleza noble que se inmuta

Incansables galaxias reclaman retornos,
cantos de mi danza.

Contento, me pierdo entre suelos cotidianos,
abandonando el sucio aire de las uvas marchitas.

Déjame multitud,
para salir del oscuro cofre, de la fosa ancha
que devora las madrugadas, que daña oídos con
murmullo de tentaciones.

Jolgorio de las calles,
mi nombre suena en los ramilletes,
rima la ebriedad, las mentiras,
se sienta sobre el cuello la lujuria de la plaza,
las bendiciones infinitas de un nuevo despertar.

Los hijos, los padres, el pequeño ciervo,
llegan igual que cometas a la velocidad de la experiencia
cargando collares de cobre.

Divino, me arriesgo,
descarto el honor de las fresas,
me incendio entre la gente con parrandas de pasteles.

La ruta del freno ha llegado.

ROSTROS EFÍMEROS

Remando sobre el error de la conciencia,
déjame ser pasajero exclusivo de tu distancia,
fugaz compañera que hace daño.

En mi barco, glamorosas
cicatrices marcan el rumbo.

Rostros indomables,
deambulan sonámbulos con el escalofrío
de un cigarro ahogado en la angustia,
pasos fingidos con tinta de licor,
pisadas carceleras,
atoradas en muros de desesperación.

Resbalan guiños en el vacío,.
sentados en piedras de abandono.

Sobre laberintos, acostados
avistamos el antifaz del atardecer
bajo el paraguas conciso de la frialdad.

Intervalos, manantiales de duda suspenden nostalgias

Bohemios, rompen cadenas,
renunciando a los caprichos de la fantasía,
forjando peñascos, comiendo rutinas.

Juntos renuevan frescuras,
planteadas heridas barnizadas
enmudecen la distorsión del viento.

Cambiando cenizas por caricias,
gritando mariposas vacías que reposan
sobre telas de araña pintadas con el acero
de las várices que ruedan por
los vagos rincones del destino.

Gitanos de hielo,
reposan estoicos junto al tren corrosivo que
indeciso va rodando sobre rieles de cúspide
donde el vacío de mis motivos se asoma.

No me sueltes,
el cuervo desde la terraza me mira.

Te prometo no encallar,
la bahía de tus muslos me espera,
el puerto de tus besos
enmudece en la gruta de los ríos.

Mendigos como espigas de pluma,
alcanzamos el farol del largo paseo,
llegamos a grutas de frutas anejas,
gritando mieles, rompiendo los
candados de la indiferencia.

Se parten grietas sobre
la hierba de lo desconocido.

Veloz,
una presencia se sienta
en la silla de mi habitación,
un capullo se asoma en el solar de mi azotea
y desayuno bocados de antaño
en la carpa de mi techo gigante
luciendo mi bandera intocable
en el asta del sol.

SERPIENTES, PROMESAS Y ENGAÑOS

Temblando comienza el vals por la urbana vía láctea,
fluyendo ciego en la orilla de mis huesos,
siempre al límite incrustado en la fe gris
agitando tambores efímeros hacia el bienestar
que promete un horóscopo con monedas de un tablero
de ceros habitando dentro de mis bolsillos.

Benévolo eclipse ofrece el molde de sus dedos,
arpa que retumba en los crepúsculos
oferta su *bouquet* flotando en las nebulosas
con la armonía del silencio,
serenata que se compromete a regar
de dulzura semblantes exhaustos
y mordidos por la pesadez de un silbido.

El escozor se siente en el latido de las ideas
como remolino torrencial que vislumbra
el engaño sellado con el barniz de la mentira.

En el remoto limbo de mis nervios, se tensa
la intromisión forastera como espanto vespertino
que abriga la savia de los puños,
el dolor de la moral.

El engaño se percibe con la maldad
empírica que orienta a los inmigrantes a marchar
con el veneno del rechazo.

Fatiga que articula la calma,
antídoto del respeto, hace ruido
entre la multitud, se prepara el banquete
que convoca a los bárbaros.

Horno del placer que congelará los escalofríos del miedo.

En el ombligo hermético de mi almohada,
se entierra el egoísmo calvo
que se bambolea audaz por los corredores de la duda.

No más libélulas de mentiras,
en la esfera de mármol se gesta
el pensamiento, se vence el infértil regazo que
poliniza el vértigo de la rabia.

Rumores se deslizan en una siesta,
víbora dormida en la profunda espuela
que muerde al verdugo en su
fachada subterránea y resbala
con sus dientes por el esquivo remordimiento
de unas mejillas raptadas por
el diluvio de lágrimas.

Góndola que pone freno al manjar de traición.

Siempre viajando sin reposo, pensando en cada nuevo día, el tiempo se convierte en nuestro mejor aliado y, a su vez, en verdugo de sueños. Queriendo llegar en cada hora simbólica.

OBSERVANDO EL TIEMPO

Momentos precisos
abandonados en el filo de
ambiciones ligeras,
mirando caprichos inmunes, marcados
por horas atrapadas al final de los árboles
con dichosos búhos que soplan sofocados
por el asombro que nos nutre.

Escapo callado, contento, inmóvil,
aterrado por tropiezos que engañan
y descifran los desnudos secretos del camino.

Envejeciendo resbalo en momentos
encadenados, pero crezco,
me divierto en melodías que mojan e inquieto
escribo mi obra en los murales de la
evolución errante de los pasos.

Inmortal existo, renovado en lo cotidiano
con el sabor de bondad
descubriendo la infancia.

Certeza de una época plena de sombras
risueñas que curan el frío sedado,
ahogado por el amuleto amordazado en la penumbra
la penumbra que danza estancada
en un reposo amargo.

Culminó la misión de mi mundo paralelo,
infinito en la sequía de nubes,
curo iniciativas inciertas,
decisivas en un claustro áspero.

Una etapa sin razón.

Reflexiona la certeza, apuesta al ritmo pleno,
puntual en su trajinar.

Disfruto la llegada,
observo la ciudad suspendida en
el borroso granizo infecundo que huye desatado,
rompiendo las barreras inertes en
los brazos borrachos de mis ideas.

Pies que no olvidan al caído observan
el ánimo asomándose resplandeciente
como guardaespaldas generosos de los
instintos y los halagos de la callada
puerta que honra en caricias
la llegada del que viene.

Amigo de los días que acompañaron
noches sencillas que sujetaban la culpa.

El poeta diluye el sentido de la existencia,
refleja los desastres que se beben en el camino. La
foto indica su amorfa figura mirando el viento.

VENUS DE SENTIMIENTOS

Kilómetros de desastres labrando caminos,
reflejo desobediente,
eclipse que lastra andares torpes,
silbando molinos, mintiendo conmigo,
juntos en la marcha.

Sobando serenatas que no existen,

bebiendo, borrando ruinas moribundas,
reducidas, cortando el
mortal sigilo a la frustración.

Veloces, breves,
giramos en el cosmos de la razón,
peones de un tablero absurdo,
colgamos como estatuas
que pretenden ser cometas.

Fecundos, peinamos turbulencias,
consumimos estruendos que se
empeñan en arrancar vidas
encarnadas en un presente fragmentado.

Propicios, nobles,
merecemos la fantasía que disimule
el desaliento y nos rescate del
vacío innoble que aísla
el perpetuo despertar.
Contagiosos en la espera,
conversamos sonando indecisos,
cautivos de dudas.

Sentenciamos remordimientos,
enrumbamos nuestras venas devorando
desalientos, consumiendo huellas,
aislamos la fragilidad.

Aliviando pesares,
monstruo del tormento que se extravía
entre las pirámides de hierro.

Dispersos, sobre camas de esporas,
somos humo que siembra el destino,
aislados en el encuentro, pero religiosos
en la arena que camina hacia el despertar
ingenuo esparcido en la bruma.

Guardias de porcelana sintiendo la
agonía del caracol que se desvanece
en el martirio del pesimismo

Improvisamos aplausos espesos
en el frenesí sentenciado por el
peligro reposado en el llanto.
Cara terca que empuja al valor,
arrodillando miedos.

Sentimientos sin aliento anidan
promesas que se desvanecen
en la estéril taberna de la ausencia.

Hundido en mis penas,
brotan manos de oasis,
gozo que fluye rápido desterrando
garras de despecho,
implosionan las entrañas confidentes.

Salvado, me deleita el placer que
escarmentaba en lo profundo de mis penas.

Frustrados destinos que cambian con cada amanecer, transforma la calma en la locura de buscar oportunidades. Oculto al pie del árbol una espectral figura observa a los caminantes.

FANTASMA DEL DESESPERO

Deambulo remando mortales precipicios,
asfaltos que emanan calzados
desgarrados por vestidos de cristal.
Negando remordimientos que arden
como espuelas en los desvíos de las parcelas.

Acosa el jamás con sus
abanicos de calor.

Faraones en lo sobrenatural,
construimos glorias,
con pinturas de oportunidades.

Labramos constancias
sobre surcos de llantos,
patinando me deslizo sobre escamas
oportunas que bailan al
compás de esperanzas.

Dirijo los dados de mi destino
con garantía de volver,
suicidó opiniones negativas
que guindan como zarcillos derrotados.
Desespero del pasado,
tantas piñatas juntas,
de hijos que no están,
de videntes que no ven,
angustias bañadas en sudor,
quejas afligidas por truenos de lágrimas,
explosiones efímeras de alegrías,
velas que se entierran en el jardín de la soledad.

Forjando voy,
empujando sorbos exudados del
sudor de los fantasmas que me acompañan.

Visionario, llamando corazones,
jinetes se guindan de oportunidades
púrpuras con cicatrices de familia,
ajedrez que asfixia,
piedad revoloteando sobre almas.

Callada sobre el umbral,
la plaza temblorosa espera las razas
con su anorexia,
en agonías, con un despertar.

Las lenguas se abalanzan
como testigos del duro trajinar.

En sus turnos arde la febril noticia
del abrazo final, de la piedad,
siente a tu lado mi espectral figura.

La ficción de ver tirado en el suelo la figura de este árbol quizás con forma de hombre y venado. Evoca la valentía de caminar sobre senderos desconocidos para levantarnos y seguir.

TUMBADOS PERO VALIENTES

Heroico testigo,
prudente con paciencia de volcán,
voraz como la inspiración del arte.

Esparcidos, pero sin excusas,
gitanos de papel.

Perlas regadas en el suelo, iglesias sin soporte.

Recetas de inexperiencia fueron entregadas,
sin casco en un viaje imperecedero.

Batallas llenas de ritos, gestos de piedad
embriagados por necias
lujurias de confusión.

Misterios cobardes,
artífices de la maldad ofendidos
por torbellinos clandestinos,
instintos voraces,
sombreros de color con apetitos de rabia.

Sujetamos experiencias audaces
como espectáculos victoriosos,
quebrantos accidentados con llantos de infierno,
pasiones que arden en las vértebras.

Manantiales de fiebre,
espléndidos tocan las armonías de las arpas
con sabor a océanos de maletas
que llevan estrellas fugaces.

No me quiebro, ni me hieren
temidas cavernas,
emano bravura de la dinastía
sencilla que se desliza despertando
visiones que escoltan realidades.

Quizás la nieve de las fresas
no congela los diamantes dulces,
pólvora que juega celosa entre
la lotería de los toboganes que van y vienen.

En el suelo, pero no abatido,
me despiertan los graznidos del
cuervo que duerme bajo la cama que no tengo.

Bebo un café sin taza,
sentado en la silla de mis sueños
mientras despierto caminando
entre las sábanas que no existen.

La figura recostada al árbol representa
al león que vive en cada inmigrante. El mítico
valor que lleva a la batalla para regresar
después de la guerra emprendida.

LEONES DE ENCUENTROS

Destilando pensamientos seremos leyendas
de conciencia inmortal,
ansiosos esquimales que decapitan
la levadura de los partos turbulentos.

Pieles de seda con sensación indeleble
que se diluyen en los nervios de mi templo.

Señalamos el compromiso con lámparas
que no temen al fracaso,
con camisas extrañas que resucitan la unión.

Nos persigue el marfil,
juguetes enfadados guiados por el caos.

Contemplo la manada,
orgulloso aniquilo con la daga
de la libertad, las ruinas anchas
del eslabón explosivo que circunda
las páginas de las nubes.

Reclamo quejas que conducen
hacia los pantanos desesperados
de la resistencia.

Prudentes, con malicia,
niños valientes conducen la audaz
caravana tapizada por
el claustro atardecer de los ancianos.

Vanguardia de embarazos pálidos,
levantados llegan esclavos
de olvidos animados a ver
el espectáculo de las hadas rebeldes
que conducen a las inocuas
criptas del pensamiento.

Precaución desesperada
postrada sobre mil trenes,
moriré como carnada,
jalando el gatillo de los ideales
seniles, códigos de sensibilidad.

Tacto asustado con la coartada de la creación.

Fui inicio, peces sin agua,
servilleta de elíxires, cuando lo fueron.

Destruyendo rupturas, eclipsando epitafios,
desesperado en el inmenso
vacío de la llegada.

Ingenuo capataz lleno de fantasmas.

Estorba el silencio, se recuperan las miradas.

SALTANDO DESTIERROS

Ejércitos desfilan injustamente,
expulsados de sus familias,
abandonados por centurias de patria.

Racimos de anestesia para resistir,
cánones de galope percibiendo el riesgo.

Sonámbulos, con el timón fecundo,
rompen la pausa mezquina que
los arranca de sus riberas,
furiosos, implacables bocas
forjadas con el cincel de la inmensidad.

Al filo, con la cabeza erguida,
marchan manchados con la confianza natural.

Fulminados por el sacrilegio de un país.

Vienen llenos, curiosos sobre espumas obstinadas.

Aplacados, distraídos, copas que giran transparentes,
fijamente, detenidos en el temblor de
una fuente que funde lo triunfal con lo invisible.

Ataques que fascinan a la maldad,
engendran sentimientos.

Instrumentos turbios,
siglos de dominio,
plagas heredadas por la cruz.

Cúmulo de riachuelos en una epifanía.
Trémulos, despiertan.

Sarcófagos que resucitan vanidosos
invisibles en el trino de las esquinas.

Detenidos en el trébol,
sujetando consecuencias.

Imprudentes, sublimes, sujetan amenazas.

Manjares conscientes que repiten
porque vinieron.
Ninguno, todos,
son manos de criaturas incandescentes.

Estorba el descuido,
ruptura que premia bondades.

Actor que vive sobre filósofos lentos,
disparos saltando palmas.
Cúmulos de miedos reposan en dientes de leche,
baldosas sueltas sobre imágenes invencibles,
cuna escondida en el agujero
donde nace el espacio del sol.

Rotos de tanto pensar senderos descalzos,
iluminados por la llama blanca que la alimenta,
es la luna con su invitada, sentada sobre
el árbol la que nos muestra el rumbo.

LA DAMA QUE NOS VE

Luna de espejos forjada en el paraíso,
clandestina ampara dudas redondas
en fases que se multiplican,
circula en el teatro cósmico de las estaciones.

Fulgores abiertos emigran ocultos,
somos luciérnagas de vino tumbadas en el poniente.

Masoquistas domando el frenesí,
trepando calaveras devoradas
por el olimpo de los nómadas
que albergan compromisos,
pupilas pensativas trepando ruinas
clavadas en el destierro
de los cuatro vientos cardinales.

Exhaustas cruces orientan
flojos satélites que destilan
pensamientos débiles,
refulgentes en el éxtasis turbio
de la sed que recobra ansias
bebiendo agonías en arroyos
perpetuos decorados con agua creciente.

Albergamos menguantes en torno
a pozos místicos que mecen plácidas
historias corriendo en nuestros huesos.

Impenetrables al desánimo,
tenues como caimanes,
crujen los senderos de madera
sobre riveras antiguas.

Guaridas lacustres en bolsillos lejanos.

Omnipotente nos ve,
bailarina muda engendrando lealtades,
mordiendo ásperos desencantos
convertidos en góndolas, zarpando ocultas,
tras ella planetas de repúblicas,
parejas, polizontes letales.

Divina, insulta vulgares
colmillos que arrancan pañuelos
dilatados sobre marchitos
nudos de arroyos.

Cubre angustias, oculta puñales vagos.

Conmovidos, dejamos el barco púrpura,
tiempos de proa, quietud,
movedizas condenas,
realidades de arrebatos se
reflejan en los ecos del túnel virtual.

Vigilia eterna durmiendo en cada día,
amuletos sanos, descuidos fulgurantes.

Entran mejillas con pureza de galaxias,
controlado postre viviendo
en el frasco oliva que habilita
cúmulos de epifanías.

Arrullos, perfumes despiertos,
dilatados corazones
sobre rieles de cometa, limbo que muere,
caminos que regresan sobre
puentes de volcán,
cerros de destierro esparcidos
en generaciones de jeroglíficos ajenos.

Pensando en volver aun sin habernos ido.
Somos corazones irreverentes enfrentando
adversidades con rostros apagados.

DESFIGURADO RETORNO

Himnos literales esperan trazando
iniciativas resonantes en
corazones bloqueados,
distorsionados en realidades paralelas.

Unánimes sobre el arco del coraje,
sellamos caminos tolerando
trenzas vestidas de crueldad.

Colgando sobre oasis secos,
irreversible es la llegada,
flujos de costumbres sobornan
colmenas hundidas, presencias predictivas
cortan cinturones de amargura.

Espantapájaros irreverentes estacionados
en curricanes de acero,
la sensación tímida estira el fulgor
gigante de fenómenos que no vemos.

Circo infame,
se encandila en el disfrute del coraje.

Emanan arrebatos que descansan sobre
cojines de loza fundidas
con plumas de inconformidad.

Firme alumbramiento de banderas
amamantan soberanía,
perciben lunares inútiles
en mejillas reconciliadas.

Relajados sin calendarios desesperados,
los plazos conducen matices.

Acumulamos principios, vestigios
ocultos en andamios estables,
efervescentes sobre alternativas constantes.

Consternadas ventanas se encandilan
con inevitables sollozos
que decoran penas tumultuosas
mirando a través de ojos extraños,
inestables en su dirección.

Despeinadas barreras lastran
inevitables alfombras,
pedaleando kilómetros de angustias
hacia la alternativa que acelera la llegada.

Somos gaviotas curando estocadas hirvientes,
excavamos zafiros de pan con cada parada,
protegiendo caparazones de diluvios.

Luceros pintados con lápices de oraciones.
Devorando crueldades estúpidas
evaporamos criaturas indeseables,
no seremos refugio de vaivenes.

Candados inestables fueron rotos,
livianos conducimos el semáforo de nuestro andar.

Florecen los relatos,
sobreviven los testigos voluptuosos
en extraños retornos marcados por la incertidumbre.

Entre risas que beben ausencias se levantan
las plegarias por los interminables pasos.
Extendiendo esos ruegos al árbol que refleja
una figura desconcertante que reza por todos.

CLANDESTINOS SILENCIOS

Nos duele lo incierto,
convaleciente mundo, gestos mudos,
ternuras levantadas con
plegarias indetenibles.

Dimensión que nos ve
desde el eje de su isla.

Cicatrices que simulan
monumentos castrados,
como un edén sin rostro.

Caen formas idólatras
sobre nuestra locura temporal,
escarbamos armarios cargados
con risas buscando ánforas
que liberen anclas.

Somos campanarios,
placentas interminables,
anillos rotos en tránsito de la depresión.

Respiro conectado a poros que
usurpan la prioridad del
sobreviviente acostado en la piedad
nula de nuestros laberintos.

Ciudadanos sudando energía,
destilando aromas
descompuestos en miedos,
eludiendo decepciones.

Perturbados por el pulso sin tiempo,
comprometidos en manos que rezan,
ocultos, valientes, callando oportunidades,
pescando sueños, al borde la vía láctea.

Somos alpinistas náufragos de ningún lado.

Martirios de gente que no conoces,
lápidas escondidas sin nombre.

Domando la cima,
dominando violencias abstractas,
vestimos de galas el panorama contento,
celebrando estoicos, liberamos rostros.

Clandestinos llegamos.

Clandestino soy en imperfectos silencios.

En este poema se destaca la grandeza de cada individuo en su lucha colectiva, con capacidades que inspiran nuevas ideas en diferentes escenarios. La unión que lleva al éxito. Mirando a la inmensidad como un Nefilim, se tatúa en la hibridez que nace en el árbol.

GIGANTES DESPLAZADOS

Dominando yugos liberados
por fortalezas desatadas,
voraces alientos híbridos, retumban quietos.

Reservados huérfanos
abandonan sus límites
resistiendo torbellinos, derrumbando
soberbias escondidas en la desdicha.

Erguidos van bordando reinos,
pisoteando bandidos aturdidos
en la pereza, socavando odios
no derribados subiendo obeliscos,
heredando el honor
que gritaron los que pasaron.

Soplando vacíos, se abren
paso en cada rincón, dilatando quimeras,
excavando incesantes momentos universales
admirando la digna existencia
de pasiones, barajando hazañas

Palpitamos como bazucas encasilladas en
precipicios con ojeras limpias,
derrotando fracasos que decapitan ilusiones.

Vamos descontentos, golpeamos montes,
estrechamos aristocracias con gritos secos
que humedecen las estériles
escaleras atadas a nuevos eclipses.
Renovamos cada día las pacíficas
memorias reclinadas en lo sagrado

Errantes de todas las épocas
armados con ideas,
pioneros retratados con
verdugos sin capucha.

Desnudos ejércitos de océanos
indomables transportan
molinos frescos llenos de
sangre nueva, puliendo rocíos.

Oídos ciegos balbucean cantos
temblorosos, empujan exaltados,
palpitan dignos en su porvenir.

Entre los escombros llevamos triunfo,
extinguimos bestias que
destilan estragos, consumimos gritos
que transmutan mágicos encuentros.

Roncando sobre espejos quemados,
arrodillamos espadas que no vemos,
derritiendo el filo arrogante que nos lastima.

Firmes se agitan banderas,
confundidas en la confluencia
de emblemas perdidos, presentando brazaletes
de gloria en la llegada,
reconstruyendo alas cortadas.

Gigantes como enjambres de alborada colectiva,
devoraremos banquetes de bienvenida,
llevamos lienzos, callamos destierros.

Se trata de identificar en el contenido del poema, pensamientos, soledad, largos días de espera, derrotando eventualidades. Reflejados en el árbol que no comprende mientras nos observa.

ROSTROS DE AGONÍA

Bandadas, manadas de pensamientos
se alejan de su origen, dirigen sus
especies a propicios lugares,
crepúsculos germinan con cada silueta
que pasa aturdida con aspectos
diversos, audaces, albinos.

Preguntan cada respuesta incierta,
afanados, perturbados,
cazando castillos que
palpitan en colmenas remotas.

Fisonomías tibias, armoniosas sinfonías
presentes en fraternales arrullos,
manos de madres esperando
sus vástagos hambrientos de amor,
con sed de montañas envueltas
en celofanes desiertos.

Injustamente mortales,
alumbrando madrugadas,
deslastramos sonidos pálidos con
sabor a viejos sofás donde

quedaron dormidas espaldas
que evolucionan indomables,
meditando, extinguiendo restos
propensos a la soledad.

Legendarios surcos en
rostros encadenados, aprecian labios
surgidos en eventualidades
lúgubres de enanos recuerdos.

Tonterías de manos torpes guardan
alcancías de largos días.

Rodeados de maniquíes insensatos,
abriendo puertas de reflejos,
selladas por invisibles rumores de cristal,
rompiendo lutos de ocaso.

Crujidos indelebles en rostros infinitos
ebrios de distancia, con agonía
soberbia engendrando caras dulces
desparramadas en la eternidad,
murmullos que mueren con
olor a recuerdo y perdón.

Como un cuerpo caído tratando de levantarse, nos regala esta imagen abstracta. Mientras el poeta expresa con su poesía, las dificultades que el exilio ofrece, los sacrificios y reunificación que alimentan cada día.

RESURGIMIENTO OBSESIVO

Momificados accidentalmente,
sarcófagos encerrados, cavando
expediciones serenas, sacrificados,
guiados por restos áridos, exilios que
expiran resinas purificadas, seremos duraderos.

Melancólicos pedazos de cumbres,
rompen lutos, saltan en intervalos asesinos,
imperfecciones, sombras bandidas
rellenan insensibles animas, pizcas de concreto
en alboradas colectivas.

Conectados a la breve gravedad,
se disipan caprichos lúgubres,
cometas respiran pintorescas
danzas con aceites resbalando
disecados en anécdotas que regresan,
escapan sogas sueltas.

Embalsamadas procesiones,
indetenibles altares, rompen cadenas
arrastran pavor sangrante,
entre líneas y trenzas, nadie ve, cincel sin punta
levanta liberados, expulsan dolores.

Bostezos en susurro de suelos,
acordes rapaces, sinfonías con mezclas
leves de piedad, disipa rayos de agonía,
frío consentido escapa intoxicado,
rígidos tentáculos en torbellinos
con tablas de globos.
Desvanecidas torturas, severas victorias
en vitrinas absolutas, repletas con glorias morales.

Combate que conserva la imaginación,
descargas de zumos nutridos
cubren vísperas de vigor.

Reunificación, flujo espiritual, caridad de campeones,
vendajes irregulares, cordón umbilical
impregnado con pupilas dilatadas.

Remolino de besos nadando en abrazos.

En la foto, la primera impresión es un perro de pie tocando el arpa de lianas. Se considera el poema una historia lírica de los sonidos que abrazamos y dejamos con cada huella, recuperando emociones perdidas.

SONIDOS DE ABANDONO

Ansiosos vagamos estériles,
huellas digitales intoxicadas con barro,
dedos de abandono irritante.

Descarados que almuerzan frente al plato pobre,
lugares ilógicos, amargos
dulces que escapan cansados.

Abducidos por amamantos blandos,
pupilos de progenitores enérgicos,
tejidos curando medicinas revueltas con infortunios,
errantes de escandinavos lugares, diseminados
con sombrillas magnéticas, somos todo,
claridad conservada.

Ascendemos excavando oscuridades,
aboliendo llantos con prosas inquietas
cuellos largos que explotan en minas desahuciadas.

Vírgenes momentos albergando cadáveres
resucitados en armonías utópicas.
Felicidad improbable, elástica, atrayente
de energías cómplices que conspiran
libremente sobre notas y sonidos incandescentes.

Confiando en el firmamento,
amplio instrumento autónomo, agudo,
propaga cuerdas perfectas que aspiran
reconciliación en el desamparo.
Renuncia desmayada con luces de seducción
vibra sobre naciones injustas creando
ermitaños zombis con pechos de orfandad.

Miserias ocultas en ferias,
oscuridad resplandece con influencia de conflictos,
rapaces cerbatanas gordas, adrenalina
colapsada en lugares con olvidados linajes.

Vikingos invisibles, colonias destruidas,
hogares de avaricia corroen
autopistas de egoísmos, caminos de la nada.

Recuperamos fortunas de gozos maravillosos.
Nuevos imperios.

Campesinos descansando, dramas que anteceden.
Capitales de pueblo se pierden en desmentidos
poderes diseñados en huertos tallados
sobre colecciones desamparadas.

El poema trata sobre la valentía y los riesgos. En la imagen unos enormes brazos y pequeña cabeza describen una especie de águila con su enorme cuerpo de pie.

FURIOSAS ÁGUILAS LIBRES

Majestuosas, plenas, inquietas emergen sin límites,
doncellas, fieras, hadas.

Personifican esencias de lucha, ternura,
sobresaltos, aleluyas mortales, siempre
cerca de la luna graznando con el sol,
enfrentando arrecifes ortodoxos.

Vagamos con garras de dignidad,
pegajosos incrustados en la lucidez del éxito
sobresalimos atados
entre coordenadas sin tiempo.

Glaciares que no claudican,
inundados de conciencias, lucidez,
intuición, conflictos infinitos derrotados, hormigas
cavando destellos, descubriendo herméticas
penas sobre la creación exquisita
de prisiones abiertas.

Conquistamos hemisferios pisoteando calamidades,
disidentes derramando gérmenes
genealógicos, penas.

Excluidos, viajes que culminan arrebatando
fuegos, eslabón de peces sordos
sobre tallos, catástrofes entusiastas.

Circundamos coliseos sacudiendo redes,
intensos en lo profundo, vástagos,
éxtasis inagotable, espontáneos en lo extraordinario.

Desembarcamos en cielos congelados,
territorios sin brújula, inquilinos eternos, vía láctea
conquistas, tribus inmersas en expediciones.

Torpedos que vuelan con dignidad,
abrazados a la posteridad,
éxtasis enarbolando pronósticos.

Fervientes rivales de bufones
que promueven el pecado del adiós

La lucha durante un viaje nos libera con cada nueva circunstancia. Superar las adversidades es el tema principal. Se grafica con este árbol que simula un cíclope en su forma natural.

CÍCLOPES LIBERADOS

Gigantes expatriados convertidos en
salvajes con cien ojos, sacudidos,
avanzando prematuros, combinando peripecias,
desayunando obstáculos.

Rebaños evocando relámpagos místicos
que rebotan en criptas habituales, exclaman
malestar, obsesión, devorando cansancios caníbales.

Agobiados prometen medusas de salvación,
truenos pulverizando eclipses longevos,
inframundos contenidos,
circunstancias sepultando temores anclados,
obstáculos autoritarios
transforman cantos confidentes.

Intermitentes temblores caen a cada paso,
hundiendo tragedias, cruzando ríos de nuevas vidas,
selvas monolíticas que decapitan esperanzas,
suspiros sepultados sobre deseos de querer
buscar gaviotas que revelan
destellos de salvación.

Somos raza visible, precursores, triunfo,
titanes forjados en la experiencia,
guerreros de muchas miradas,
cíclopes de quinientos toros, fuerza inagotable.

Pastores gigantes con rodillas sin doblar,
gallardos, atrevidos, bañados de milagros,
nueva estirpe, nobles.

Desaparecemos en la bruma, avanzamos,
extinguimos tropiezos, apoderados, mesías,
cuchillos dispuestos, ocasiones vulnerables.

Zarpazos, impacto, ocasionalmente enormes,
artífices de una fascinación que desaparece obligada,
finalmente, emprendedores, indispensables.

Aliviados culmina el esfuerzo.

Cada inmigrante incrédulo consigo mismo, siempre se reencuentra. El tiempo es aliado y enemigo, la paciencia, la energía. Una especie de ardilla incrustada en el bajorrelieve del árbol, denota un poco la lucha permanente.

INDETENIBLES

Incrustados entre figuras ajenas despertamos,
refugio abnegado, rebotan reflejos decadentes,
cotidianos abolimos mezquinas arrogancias
rodeadas de ilícitos intereses,
apacibles rebosan heridas condenadas,
riendas endurecen esfuerzos, fatigas indomables,
paciencia constante.

Esparcidos refugios se mecen, buscan alimento,
ardillas en giro, ascensos inmersos
en impenetrables estampidas,
preparando tertulias indetenibles.

Arándanos aferrados entre rostros agotados,
fatigas calurosas con lagunas,
glaciares fermentando rastros.

Faraones ungidos resucitando hostias
saturadas por extraños dramas,
ponzoñosa quietud se disipa cada tarde.

Indetenibles alumbramos reposos guerreros,
admiramos resplandores, miles de ardillas
retumban en lagos ensordecedores,
sonrientes, invisibles, subterráneos,
disipando penas, mordiendo
briznas incandescentes.

Somos vínculos de soporte indomable
entre cortezas de alto relieve, ejes atorados emergen,
evolucionamos cada día, convulsionando estrategias
remontando trucos innobles
preñados de sombrías dificultades.

Permanecemos ungidos, ayunamos constancia paciente,
hachas detenidas, arcos reflejos que viajan
respondiendo a las dificultades.

Estanques de leche materna,
esperan un café preparado por madres
rodeadas de inocencia, sentadas, ignorando la maldad,
la cruz, juicios, malestares clavados en coronas.

Estampados escultores revisan minúsculos detalles,
prohibidos jarrones enfermizos
corroen el ácido que los soporta.

Tal vez no somos inmigrantes, ¿seremos Ícaros?

A este poema lo acompaña la foto que asemeja una hormiga gigante con la boca abierta sobre el suelo. Somos resultado de agonías que combaten en grupo, materializando lo bueno. La unión y fortaleza de nuevas vidas.

INAGOTABLES HORMIGAS

Colonias destinadas a vagar dejando nidos
de familias condenadas a esperas inciertas,
indescriptibles túneles de peligro brindan
entradas que transmiten tormentas esquivas.

Somos recursos permanentes, eólicos,
apresurados, dispersando miserables depredadores,
jurando paz, condenando historias tristes,
abundancias duraderas defienden el camino.

Inundando montículos indescriptibles,
oxidados asentamientos de mentiras,
juramos bienestar, sin lesiones postreras.

Inagotable conducta terrestre espía
la claridad de las sendas, indescriptibles
galerías flotantes criando permanencias
sobre hombros sumergidos, fingiendo dependencias,
ascender como monjes, derrotar prejuicios.

Supervivencia gentil cuida proximidades pérfidas,
plagas inhumanas, albergamos vanguardia
de alacranes, escenas de safari criando dinosaurios,
ventrílocuos estaremos protegiendo relatos.
Tabernas con manzanas podridas, devorando hombres,
faros locos sobre agujeros de cristal,
rompiendo olas llegaremos, mutilados barcos
con remos de ira, supervivencia típica,
catástrofes vencidas con la crianza digna
de los parentescos, consanguíneos leales,
catedrales de elogios forjadas
en cajas fuertes de disfrute.

Incorporados, viviremos entre mantos
de beneficios ocultos en ataúdes etruscos,
extendidos sobre dominios de nueva vida.

Tal vez una imagen que asemeja una boca abierta no diga nada, pero el poeta deja claro que, en circunstancias de apremio, se sueltan increíbles momentos de valor que cristalizan los logros.

DEVORANDO TRAVESÍAS

Entrañas clavadas en el tiempo,
ebrias de hambre incendian trazos
errantes enredando cuerpos infinitos en
fuego que aniquila oscuros caminos.

En ellos contorsionamos ansiosos, quemando aguas,
eliminando tardes sacudidas por recuerdos,
horizontes bañados con gaviotas de oro,
reposan en orillas dormidas, pero solas.

Recorriendo tinieblas voluptuosas,
lúcidos, perseguimos dormidos tiempos
entre abundantes puertos sin mares,
ojos con huellas gritando nombres
que quedaron atrapados en el adiós.

Como cascabeles sin sonido,
colgamos destilando estrellas,
cantamos alegrías invisibles sobre llantos
abandonados que nos duelen,
bebiendo flores marchitas,
en hondas nacientes de súplicas.

Fauces atascadas manchan
el empeño que aflige,
quedaron atrás los nervios inclementes,
las lianas sin ataduras, convertimos presiones
en riesgos indelebles, saltamos colmillos afilados,
evitamos la voraz vigilia que
acabará en capillas congregadas.

Paseamos sueños en bicicletas,
ríos con lluvia de compañía llenaban
inocentes sonrisas, solo la frontera de la
cálida acera de enfrente, nos fue presentada,
creando nostalgias, dibujando futuros, criando pasados,
gallos de mediodía, agua bendita
lavando desequilibrios.

Termómetros que nos miden el tiempo
con temperaturas ausentes,
húmedas, nadando ironías, supervivientes de épocas,
movedizos, saltando penas
abrigadas por antiguas arenas.

¿Cómo cruzar puentes lejanos?

Siempre se indaga en sufrimientos
ajenos, malas decisiones de otros ocasionan
terror a protagonistas invisibles. Detrás del
árbol se ubica el curioso intermitente.

MIRADAS OCULTAS

Ruta permanente, asfixiantes pesas
con grilletes oxidados, oídos quietos,
estrategas, exponen ideas
entre la rutina del gentío cómodo.

Gestos incómodos escondidos,
cavernas olvidadas incendian insensibles destinos,
ayudas inclementes se pierden
en manos asesinas imitando
tragedias que no viven,
legados destructores emboscaron ilusiones,
rumbos obligados por mentiras sutiles.

Estrategias explotan pretensiones quebradas,
resistencia de los fósiles del cosmo observando
tras bambalinas sin colores, inconsciencia,
apoyo muerto en sentimientos
sin nacer, gente ruda acelerando su muerte
suspendidos en jarrones sin latidos, se producen gemelos,
un *déjà vu* se gesta.

Personas sin casa miran los zapatos largos,
pasos desgastados, calvo descontrol,
desigualdades conectadas en la ficción sin ética,
matices perdidos, narices escondidas
rompiendo paradigmas con la memoria.

Ansias llenas de sed, áridos caminos
nos llevan bajo miradas escondiendo
árboles redondos, ramas mutadas sin fondo,
extrañas formas conmovidas,
débiles en su postura observan el andar.

Aquellos que tienen y no tienen, que nos ven sin vernos,
fallos, juicios, críticas, revelaciones vestidas
con contrariedad
febril remedio mundano, veneno de la multitud.

Originarios, transmutamos el riesgo,
ubicamos el viudo valor con lentes de llegada,
tiránicos talones disfrutando del vino.

Se expresa una situación de vínculos estrechos,
sentimientos que permanecen a pesar de las
adversidades. La garra de la foto lo especifica.

AFERRADOS

Áridos, mantenemos la fuerza que desgarra el apego,
convicción porfiada escapando
eventualmente con frentes reveladoras,
fruncidas ante la servil austeridad impostora.

Vínculo manifiesto entre el temor de largarte
naciendo y la inservible presión visceral
que desconecta cerebros de pasados épicos.

Terrenales tememos a lo trágico,
viajeros vestidos con fragmentos confundidos,
desconcentrados almorzando anestesias,
cómplices meditando amarguras de arterias
que no retroceden.

Rastreamos ruinas
diagnosticando intervenciones desquiciadas,
prediciendo contactos elegantes
recuperando el honor, emboscando
pánicos inagotables, sujetando sentencias dominadas.

Empeñados rastreamos códigos
perennes con virtudes de refuerzo,
agarrados de la soga confinada

en plenitud del colapso,
prudentes penetramos desastres agónicos
nos apropiamos de ansias, soplos
sobre altibajos de bestias insoportables.
Insistimos en la dirección del naciente,
puntos cardinales alterados que retroceden
sobre mariposas cargadas de alternativas.

Eficaces, ansiosos, justos,
aferrados a las voces que viven
en el universo de la conciencia,
acertamos caminos, soltamos traumas,
poseemos albedrío, vida, urgencias
de cortar las alas al tiempo,
fatal augurio
de la melancolía

El tiempo
encienda distancias,
pero el abrazo de
las amistades
perdura en las manos
que repiten
momentos
inolvidables.

Para mi
estimado amigo
Yorman.